Sentimientos de aquí y de allá

Sentimientos de aquí y de allá

Jaime Sánchez Garzón

www.librosenred.com

Dirección General: Marcelo Perazolo
Diseño de cubierta: Federico Achler
Diagramación de interiores: Jaime Sánchez Garzón

Está prohibida la reproducción total o parcial de este libro, su tratamiento informático, la transmisión de cualquier forma o de cualquier medio, ya sea electrónico, mecánico, por fotocopia, registro u otros métodos, sin el permiso previo escrito de los titulares del Copyright.

Primera edición en español - Impresión bajo demanda

© LibrosEnRed, 2014
Una marca registrada de Amertown International S.A.

ISBN: 978-1-62915-159-5

Para encargar más copias de este libro o conocer otros libros de esta colección visite www.librosenred.com

Notas preliminares

Los sentimientos son el empuje en las distintas etapas de la vida,
la válvula de escape en los momentos cruciales del diario compartir,
el condimento que da más sabor a las situaciones rutinarias del quehacer,
el clímax de los logros y de los tropiezos.

Pueden llevarnos a torpezas o a sabias decisiones,
a cobardes claudicaciones o a increíbles heroísmos,
a episodios ridículos o a afortunadas actuaciones.

Podemos expresarlos en cortas interjecciones
o en largos discursos,
en pinturas, esculturas, tejidos y bordados
 o en grandes edificios,
 en efímeros gestos, sencillos versos
o en canciones melodiosas.

Creados sin mayores pretensiones,
destinados a la sombra y al silencio,
y casi olvidados por años,
estos sencillos versos vuelven a la vida,
gracias al estímulo de amigos comprensivos,
matizados por el tiempo y por la distancia,
para ser compartidos con quienes disfrutan de lo bello y de lo

emotivo
que puede salir del corazón.

Un afectuoso homenaje a mamá, que me arropó con sus nobles sentimientos.

Prefacio

El verso, una vez descubierto en las clases de Literatura, se convirtió en instrumento de expresión de profundos sentimientos, bien sea en forma explícita hacia la persona amada o como un grito de desahogo en la soledad y de euforia en medio del bullicio.

La admiración por la belleza, especialmente femenina, el afecto por los seres queridos y algunas aflicciones y desamores se han convertido en motivos inspiradores.

Diversas épocas, distintos escenarios, diferentes actores y vestuarios, pero un mismo corazón en dramas semejantes.

La palabra, torvo corcel imposible de domar, es al mismo tiempo obstáculo y vehículo esencial del pensamiento y de los más escondidos sentimientos.

Los versos

Un torrente de variadas emociones,
con raíces y motivos muy diversos,
pero plenos de intrínsecas pasiones,
del poeta son vehículo los versos.

Mar profundo de veraces sentimientos
que pululan por el alma muy dispersos,
enlazados, en continuos movimientos,
cual canal, los armonizan nuestros versos.

Cielo inmenso de soñadas ilusiones,
visitantes de lejanos universos,
habitantes de fantásticas mansiones,
toman forma en la tierra con los versos.

Arco iris que contiene los colores
en espectros lineales o trasversos,
en pinturas los transforma con honores,
sin paletas ni pinceles nuestros versos.

Homenaje de admiración
al hermoso ser
adornado con las mejores cualidades,
para ser la presencia de Dios
entre nosotros:
la MUJER.

Por ti, mujer

Por ti, mujer, el mundo descubrí,
de ti nací luchando por vivir,
sin tu querer, jamás podría ser,
eres mi amor, razón de mi existir.

En ti encontré consuelo en aflicción,
seguridad en noches de temor,
de ti aprendí la esencia del amor,
todo entregar, sin recibir.

Por ti, mujer, el cielo puede ser
cualquier rincón al lado del amor,
por tu mirar podría enloquecer,
tu sonreír, del sol el resplandor.

En ti encontré las mieles del amor,
primera vez que supe de pasión,
poeta fui y un loco soñador,
por conquistar tu corazón.

Amiga fiel, que siempre puedo hallar,
tus brazos son apoyo y comprensión;
la vida es un duro trajinar,
pero contigo, un bello amanecer.

Eres... mujer

Del mágico jardín de la existencia,
eres, mujer, la más fragante rosa
que se yergue altiva y vigorosa
para donar al mundo su presencia.

De los pétalos tienes la tersura
en las manos que brindan sus caricias
al dolor o en pasiones subrepticias,
y en los labios que besan con ternura.

Descubro en tus ojos los colores
que reflejan lo bello de la vida
y curan como bálsamo la herida
que dejan en el alma los dolores.

También tienes del tallo la firmeza
para vencer los embates del destino
y el arma en los peligros del camino:
espinas que realzan tu belleza.

Tu fácil y espontánea sonrisa,
tus cálidos detalles cada día
son néctar, son perfume y armonía,
que incitan a amarte más de prisa.

Tu sonrisa

Tu sonrisa es un regalo
que disfruto sin reparo,
pues me llega de lo alto
como luz de inmenso faro.

Tu sonrisa es aliciente
en momentos de letargo,
pues alegra mi presente
cuando el día es más amargo.

Tu sonrisa es alimento
para el cuerpo y para el alma;
da energía como el viento,
sin hacer perder la calma.

Tu sonrisa es alegría
que disipa las tristezas,
como el sol de mediodía
las tinieblas más espesas.

Tu sonrisa es cercanía,
amistad sin interés,
es calor, es armonía;
tienes alma sin doblez.

Mujer, mereces todo

La ternura, de tus labios en un beso
o las manos que prodigan sus caricias
y procuran al hombre mil delicias,
en tu pecho, dejó mi corazón preso.

La expresión de tu mirada refulgente
y la dicha que genera tu sonrisa,
refrescando nuestra vida como brisa,
cautivaron mis sentidos y mi mente.

Por la fuerza con que enfrentas cada día
el destino y las luchas de la vida,
bien pareces temeraria y atrevida,

pero tienes la prudencia como guía
y en la búsqueda del bien, siempre discreto,
te ganaste los elogios y el respeto.

Tus ojos

Son tus ojos dos luceros
que titilan en la noche,
de fulgor hacen derroche,
transparentes y sinceros.

Son tus ojos un hechizo
que cautiva con su brillo;
ignorarlos no es sencillo,
pues presagian paraíso.

Tus pestañas son persianas
que controlan tu mirada
seductora o recatada.

Y tus cejas, cual ventanas,
enmarcando tu belleza,
a tus ojos dan nobleza.

Así son las mujeres

¿Son las perlas, esmeraldas y zafiros
preciosas y valiosas?
Así son las mujeres.

¿Son fuertes y brillantes los diamantes?
Así son las mujeres.

¿Son las flores hermosas, delicadas y sensuales?
Así son las mujeres.

¿Son las abejas y las hormigas laboriosas?
Así son las mujcres.

¿Es el agua refrescante, sanadora y nos da vida?
Así son las mujeres.

¿Iluminan y calientan el sol y las estrellas?
Así son las mujeres.

Mujeres, florecitas divinas

Hablando de mujeres y de belleza,
se fueron agotando los elogios,
pidieron mi opinión sobre las bellas,
y yo propuse un símil con las flores;
algunas son esbeltos girasoles,
altivas, glamorosas y sensuales,
se roban las miradas, los aplausos,
abundan los piropos a su paso;
las más tienen fragancias de las rosas,
sus pétalos, colores y tersura,
son nada las espinas dolorosas,
si se tienen sus caricias y sus besos.

Violetas delicadas y sensibles,
alegran las veredas de la vida,
no importa que lo externo se marchite,
renuevan su esplendor en primavera.

Cualquiera sea la flor de nuestros sueños,
merecen gratitud y nuestra loa,
sus dones y virtudes nos deslumbran
y son la levadura en la existencia;
pudiéramos bajarles las estrellas,
sin darles el tributo que merecen,
mujeres, florecitas tan divinas,
jamás nos cansaremos de adorarlas.

Mujer y belleza

La belleza de la mujer pasa por cuatro etapas:
la luminosa inocencia de la niñez,
la mesurada exuberancia de formas perfectamente delineadas
de la primera juventud,
la seductora esbeltez de la segunda juventud,
y el tranquilo resplandor otoñal sazonado con amena
conversación.

Pero perdurable y transversal a estas fases,
permanece una única y sublime belleza:
el amor sin límites,
la compasión constante,
el poder creador,
la sabiduría espiritual
y la alegría de una espontánea sonrisa.

Tu cuerpo

Tiene tu cuerpo vaivén de palmeras,
suave murmullo al ritmo del viento,
grácil andar, ondular de caderas,
sólo mirarlas detienen el tiempo.

Tiene tu pelo destellos de lumbre,
brillo sedoso, del sol un reflejo;
bellas cascadas descienden la cumbre,
dejan al hombre alegre, perplejo.

Tienen tus ojos fulgor de luceros,
fuego cercano, simula distante,
grandes, profundos, del alma voceros,
serios, alegres, coquetos, radiantes.

Tienen tus labios sabores de fruta,
pulpa madura, color de cereza,
muestran sonrientes si algo disfruta,
miel y licor que la mente embelesa.

Tiene tu piel de la flor la tersura,
tierna caricia que roza cual brisa,
bálsamo fino, la herida sutura,
suave calor emanado sin prisa.

Mujer

Pasas como brisa en la mañana,
portas el aroma de las flores,
siento tu caricia soberana
en días de tórridos calores.

Tierra blanda, fértil, creadora,
brota de tu vientre nueva vida;
mente divergente, soñadora,
llama del amor siempre encendida.

Mar, profundidad inexplorada,
visos de colores y de luces,
paz en lo profundo desplegada,
olas, el vaivén que al andar luces.

Grácil abeja en la colmena,
brindas calor, sustento, descanso;
eres, de unión del hogar, patena,
liga de vórtice y remanso.

Amiga

Tu corazón, fragante como rosa,
sin quererlo cautiva voluntades.
Tu dulzura te muestra más hermosa
y acrecienta sin fin tus cualidades.

Cuando puedo palpar tus sentimientos
y sentir el afecto a borbotones,
ser tu amigo renueva mis alientos,
y doy gracias a Dios por tantos dones.

Con amigas así vale la pena
compartir alegrías y tristezas,
ideales, rutinas y sorpresas,

aunque cause envidias y condena
en aquellos que juzgan apariencias
por las propias antiguas experiencias.

Escucha mis sentimientos

Ya que no puedo estar siempre contigo
y decirte lo mucho que te quiero,
para que sepas que te soy sincero
te ofrezco un canto como fiel testigo.

Escucha en otra voz mis sentimientos,
que fluyen a mi mente sin descanso
y con palabras a expresar no alcanzo,
pues se van como aromas en los vientos.

Mi cariño no tiene subterfugios,
con la pureza y sencillez de niño,
con la fuerza y el calor de mil vesubios.

Te amo, mi bien, hoy como mañana,
aunque apenas despierte tu cariño
como el alba despunta en tu ventana.

Eres torrente

Sencilla y transparente es la gota
de agua que desciende lentamente,
dejando atrás la fuente donde brota,
para unir nuevas gotas al torrente.

Con fuerza persistente abre camino
sin prisa, pero firme y perdurable,
en búsqueda del próximo destino,
corriente cuya huella es imborrable.

El valle y las laderas circundantes
reciben la frescura y la riqueza
que porta en proporciones abundantes.

Amiga, eres gota, mar, torrente,
convocas y compartes con grandeza,
talentos y sapiencia refulgente.

Gracias, mujer

Gota de lluvia en el desierto,
rayo de luz en las tinieblas,
brisa constante en el verano,
cálido abrigo en el invierno.

Viento a favor en travesía,
puerto seguro en la tormenta,
trino del ave mañanera,
último brillo en el ocaso.

Grano de oro en la batea,
gema preciosa en la cantera,
perla valiosa y exquisita,
joya perfecta, deslumbrante.

Dulce panal en la colmena,
fruta jugosa en la mañana,
sal que preserva y saboriza,
suave licor que vivifica.

Gracias, mujer, por compartirnos
todo lo bello y necesario,
gracias por ser en nuestra vida
todo lo bueno y deseable.

*A mis
más caros
afectos.*

Ofrenda a la Virgen

Ofrendarte, Reina mía,
en la vida y en la muerte,
una flor de tallo fuerte,
de perenne lozanía.

Una flor que cual incienso
te brindara sus aromas,
y sus pétalos coronas
de colores muy intensos.

A tus plantas hoy me postro,
y aunque pobre, a Ti vengo,
a ofrecerte cuanto tengo.

Vuelve a mí tu dulce rostro
y acepta complacida
la ofrenda de mi vida.

Madre, cuánto te amamos

Reviviendo el valor de tu existencia,
hoy tus hijos, tus nietos y parientes,
con anuencia de todos los ausentes,
exaltamos virtudes y excelencia.

Fue tu vida valor y gran servicio
sin horario, contrato, preferencia,
pero sí con amor y deferencia,
sin temer el cansancio ni el sacrificio.

Eres centro y unión de la familia,
acogías a todos sin reparo
en momentos de crisis, buen amparo,
en tensiones, el alma que concilia.

Tu consejo sencillo y oportuno
orientó con gran tino nuestra vida,
y aunque pasen los años no se olvida,
pues buscaba el bien como ninguno.

Mi carácter forjaste con ternura
que permite llorar de sentimiento,
admirar la belleza, sin aliento,
o escribirla en un verso que perdura.

Tu descanso final fue nuestra pena,
pues gran gozo nos daba tu presencia,
tus palabras cargadas de inocencia,
sin engaños, intrigas ni condena.

Pero siempre tendremos tu cariño,
tu sonrisa en momentos de tristeza,
la bondad que ilumina tu grandeza
y el amor compartido desde niño.

Dios te guarde en su seno, madrecita.
y reciba el clamor de las plegarias
elevadas por Ti, y aunque precarias,
te cobije con su gloria infinita.

Primogénito

Primogénito,
exultante espera de salud, género,
parecido familiar;
muy deseado y por siempre querido,
depositario de ilusiones,
del naciente hogar centro de atención.

Precoz sonrisa,
carita expresiva,
inequívoco indicio
de inteligencia brillante.

Feliz renuevo
de profundas raíces,
espigado y fuerte tallo,
un día darás frutos y gran sombra.

Cuán admirables
tu visión de la vida,
tu memoria fotográfica
y tu profundo raciocinio.

A Dios doy gracias
por tus luchas y tus logros,
los tropiezos que forjan el carácter,
y, ante todo, por ser mi primogénito.

Hija

Del Señor recibiste la ternura,
don precioso que adorna tu persona
y que a los tuyos ofreces sin mesura
inundando el ambiente con su aroma.

Es tu llanto expresión del sentimiento
que revela del alma la nobleza
cual caudal que supera el pensamiento
y atraviesa tu rostro con presteza.

Es tu risa un himno de alegría
desbordante, sincera, contagiosa,
que genera en todos simpatía.

Con donaire disfrutas de la vida,
realista, a veces fantasiosa,
pero grata, leal y desprendida.

Feliz cumpleaños, mi niña

Despertad, pajaritos, despertad,
y entonad bellos trinos este día,
porque hoy es un día de alegría,
porque hoy cumple años nuestra niña.

Despertad, florecitas, y llenad
de color y fragancias este día
porque hoy es un día de alegría,
pues está cumpliendo años mi princesa.

Cantemos todos con entusiasmo
y agasajemos con nuestro canto
a quien celebra su cumpleaños
y nos cautiva con sus encantos.

Susurrad, vientecillo, susurrad
y llevad por el mundo la noticia,
este día de gran felicidad
porque hoy cumple años mi muñeca.
Alumbrad, luceritos, alumbrad
y fundid esta noche con el día,
que el reloj haga lento su girar
deteniendo en el tiempo nuestra dicha.

Cantemos todos con entusiasmo
y agasajemos con nuestro canto
a quien celebra su natalicio
y nos cautiva con sus encantos.

Siempre serás mi pequeña

Siempre serás la pequeña
que dormitaba en mi pecho
o que alzada en brazos, risueña,
lograba tocar el techo.

Siempre serás mi pequeña,
y te amaré con ternura,
aunque tu vida florezca
y tu piel pierda tersura.

Con tu sonrisa inocente
has alegrado mi vida,
con ese llanto frecuente
que al sentimiento convida.

Cuando en mis brazos dormías
y te arrullaba orgulloso,
nunca pensé que algún día
sería un padre celoso.

Hoy celebramos tus quince,
mágica edad de los sueños,
de príncipes encantados
y de ilusiones sin dueño.

Que seas feliz esta noche
y el resto de tu existencia,
tengas amor sin reproche,
con dignidad e inocencia.

Cómo quisiera que el tiempo
nunca sofoque tu lumbre,
guardes tu fe como en templo
por más que estés en la cumbre.

Cómo quisiera que siempre
conserves tus sentimientos
y el invierno de mi vida
tu primavera me alegre.

Siempre serás mi pequeña.

Los hijos

Que los hijos son hijos de la vida,
y los logros exaltan su grandeza,
no prohíbe la dicha compartida
ni erguir complacidos la cabeza.

Que sus sueños difieren de los nuestros
en altura, alcance, inmanencia,
lo sabemos, pues fuimos sus maestros
y gozamos con tanta diferencia.

Si a pesar del aporte hereditario
se transforman en grandes triunfadores,
es posible sentirse solidarios,
sin la carga de múltiples errores.

Diferentes, a veces adversarios,
cada uno con sello irrepetible;
pero todos serán depositarios
de valores con marca inconfundible.

Hallarán a su tiempo buen sendero,
adecuado a sus dones e intereses;
lucharán por el triunfo verdadero:
el amor, sin temor a los reveses.

Trascendentes en medio del bullicio
con la fe como espada y armadura,
no desdeñan crecer en el servicio,
verdadera victoria que perdura.

Desde siempre amados al extremo,
nuestros hijos serán eternamente,
entre todo, bendito bien supremo,
de la vida obsequio permanente.

Declaración de amor

El porqué, no lo sé, pero te quiero,
y aunque creas que son solo cumplidos
como tantos que escuchan tus oídos,
te puedo asegurar que soy sincero.

A mi vida llegaste suavemente,
como nace la aurora en la mañana,
mas tal es la luz que de ti emana,
que no puedo alejarte de mi mente.

Te quiero, sí, te quiero con locura,
y aunque vivo feliz siendo tu amigo,
más completa sería mi ventura

si me dieras completa tu ternura,
tus caricias, tu cuerpo como abrigo,
y tus labios henchidos de dulzura.

Como una flor

Así como la flor en primavera
regala su color y sus aromas,
ya sea como adorno en las coronas
o tapiz natural en la pradera;

igual ante el altar del sacrificio,
testigo de la vida y de la muerte,
que sola en el jardín en tallo fuerte,
do recibe caricias por oficio.

Así, mi corazón, a tu presencia
abrió de par en par sus amplias puertas,
para brindarte de mi amor la esencia.

Recíbelo con toda la ternura
y riégalo cual planta de tu huerta;
por siempre mantendrá su gran frescura.

Vino añejo

Vino añejo, el amor que nos tenemos,
sus virtudes, decantadas con los años;
odres viejos lo conservan en su punto,
más flexibles, pero siempre resistentes.

Más intenso, su color ha devenido,
de la crianza y el reposo entre maderas,
que denota madurez y gran firmeza,
pues de roble los toneles fueron hechos.

Con los versos y mensajes en postales,
sus aromas se perciben bien florales,
o en las dudas y difíciles momentos,
de maderas o riquísimos frutales.

Mil sabores se conforman, se degustan,
dependiendo de ocasiones y de tiempos,
dulces, suaves en festejos y alegría,
secos, fuertes, en labores y descanso.

Vino añejo, el amor que nos tenemos,
da sentido a la vida que llevamos,
es la fuerza, el motor de la existencia,
la belleza y la dicha del sendero.

Mi amor cual diamante

Mi amor por ti, tallado cual diamante,
por tu cincel de corte inexorable,
con precisión y fuerza desbordante
para lograr facetas perdurables.

No soy perfecto, pero te amo,
y mis defectos no impedirán
ser una alhaja en tu joyero,
siempre muy cerca del corazón.

Mi amor por ti refleja, cual diamante,
la luz del sol, del sol de prestancia,
destellos mil con visos rutilantes,
sin importar ni tiempos ni distancias.

No soy fulgente, pero te amo,
con tu sonrisa puedo brillar
y dar contraste a tus penumbras
en el ahora y la eternidad.

Mi amor por ti es duro cual diamante,
hecho a presión con cálidas vivencias,
resistirá embates desafiantes
de incomprensión, rutinas y falencias.

No soy bizarro, pero te amo,
me fortalece tu solidez
para brindarte todo mi apoyo
si lo precisas alguna vez.

Mi amor por ti, precioso cual diamante,
es para mí, tesoro inestimable
que crecerá, hasta el postrer instante,
sin vacilar, con ritmo imperturbable.

No soy preciado, pero te amo,
y lo que tengo, tuyo es también,
tal vez es poco, pero lo es todo,
y te lo entrego sin condición.

Te amo como antes

Recuerda aquellos besos furtivos en tu sala,
en mí quedaron presos, mi cuerpo los reclama.
Recuerda esas caricias, cual fuego nos quemaban,
perduran las delicias, las brasas no se apagan.

Te amo como antes,
te quiero para siempre,
no importa lo distantes
que fueron las promesas.

Tu cuerpo de palmera, de tiempos juveniles,
hoy siento más hermoso ceñido por mis brazos.
Cogidos de la mano, marchamos por la vida,
igual que cuando novios, pletóricos de amor.

Te amo como antes,
te quiero para siempre,
el tiempo no marchita
tan nobles sentimientos.

Por culpa de lo urgente, a veces olvidamos
decirnos "yo te amo", e invade la rutina.
Entonces los silencios perturban la confianza,
pululan los fantasmas, y duele el corazón.

Te amo como antes,
te quiero con ternura,
no importa esos instantes
que duela el corazón.

Mas esto es una prueba normal de quienes aman,
que muestra la firmeza y temple del amor.
Entonces es preciso fijarnos en lo bello
de tiempos bien vividos y sueños por vivir.

Te amo entre mis sueños,
te quiero en las tormentas,
y doy gracias al cielo
por darme tu cariño.
Y tu amor.

Para ser feliz

Para ser feliz no necesito gran morada;
compartir tus luchas, ideales y alegría,
recibir el cálido fulgor de tu mirada
y sentir el roce de tu piel sobre la mía.

Para ser feliz no necesito posesiones,
si contigo estoy en los momentos de flaqueza
y tu apoyo hace revivir mis ilusiones
para dar a mi vida sentido y fortaleza.

Para ser feliz requiero siempre tu presencia,
un "te quiero, amor" al final de la jornada
como suave bálsamo que alivia la dolencia.

Para ser feliz en el ocaso de la vida,
me servirá tanta bendición atesorada
de pasiones, hijos y dicha compartida.

Me hiciste feliz

Tú me has hecho feliz toda una vida,
desde el día feraz de nuestro encuentro,
pues mi vida sin ti sería un desierto,
un sarmiento sin vid que se marchita.

Tú me has hecho feliz con nuestros hijos,
don precioso de Dios a la pareja,
el legado de amor para el futuro,
testimonio inmortal de nuestra entrega.

Bendiciones sin fin Dios te conceda
y el amor que me das, tu paraíso,
no permita jamás te causen pena,
solamente bondad y complacencia.

Tú me has hecho feliz con mil detalles,
de cariño y de amor sin condiciones,
que superan por mil esas espinas,
verdadero crisol de los afectos.

Tú me haces feliz con un abrazo,
tus palabras de amor son un remanso
en momentos de hiel y de tormentas,
aderezo crucial de la existencia.

Bendiciones sin fin Dios te conceda
y el amor que me das, tu paraíso,
no permita jamás te causen pena,
solamente bondad y complacencia.

Mi amor por ti

¿Has visto alguna fuente cristalina?
Brota de lo profundo de la roca,
desciende juguetona, cantarina,
y el árido desierto en jardín troca.

Quizá también la solitaria gota
que taladra con sin igual constancia
la altiva y desafiante roca;
del torrente su fuerza y arrogancia,

de energía inagotable fuente,
cuando impetuoso por su cause fluye,
sin desviar de su meta la corriente.

Cual la gota, la fuente y el torrente,
mi gran amor por ti se constituye,
alegre, indomable, puro y fuerte.

Tu cumpleaños, un motivo

Un motivo de alegría,
con sonrisas y festejos,
fue tu llanto, tus gracejos,
tu primera melodía.

Hoy perduran los motivos
para celebrar el natalicio
con cariño vitalicio.
y saludos emotivos.

Con amor te deseamos
que perdure tu fortuna,
el calor que nos aúna,

la salud y los afectos,
pues el ocio con proyectos
entre todos procuramos.

Eres tú

Una flor del gran jardín,
trasplantada a nuestro hogar
engalana nuestra vida
con aromas y colores.

Una fuente inagotable
de agua pura, transparente,
nos comparte su frescura
en los cálidos veranos.

Una vid siempre fecunda,
con su vino nos embriaga
de entusiasmo y de alegría,
al final de la jornada.

Astro rey cada mañana,
nos despierta su alborada,
nos recarga de energía
y nos brinda su calor.

Eres tú, la flor que engalana,
eres tú, el agua que refresca,
eres tú, el vino que conforta,
eres tú el sol que vitaliza.

El amor

Se revela de formas diferentes,
sumergido en fluidos semejantes,
combatido por múltiples corrientes
y arrastrado a regiones muy distantes.

Puede estar en el fondo cual mercurio,
maleable, denso y cohesivo,
mas brillando desde allí como augurio,
de móvil pero firme lazo vivo.

O cabalga en las crestas de las olas,
desafiando vaivenes y tormentas
con la lucha y el esfuerzo que acrisola,

o ligado al valor de tu existencia
a lo alto se lanza cual cometa
sostenido por sueños y experiencia.

Amores
y
añoranzas

que hacen
llorar el alma

de
tristeza o de alegría.

Un amigo

Un amigo es un tesoro
que no temes que te hurten,
invaluable ante tus ojos,
sin valor para los otros.

Un tesoro que repartes
sin temor a que se agote,
pues te trae más tesoros
cada vez que lo compartes.

Un tesoro que perdura
con el uso y con los años,
a pesar de los engaños
y momentos de locura.

Un amigo es consejero,
confidente y buen espejo,
que refleja los defectos,
las virtudes, y es sincero.

Puedes ser un gran tesoro
para muchos en tu entorno,
si los tratas con afecto,
con prudencia y con decoro.

El arroyo

Una vez, un arroyo de la cumbre
juguetón y risueño descendía,
henchido de ilusión y de fantasía,
inocente de toda pesadumbre;

a veces, reducido por su lecho,
se lanzaba con fuerza de torrente
llevando cuanto ansiaba en su corriente
proclamando su paso satisfecho.

Otras, silencioso y negligente,
avanzaba sin prisa por el cauce
reflejando el follaje de los sauces,
cual espejo pulido y refulgente.

Ay, de pronto resbala en el vacío
y al abismo infernal se precipita
en el cual su ilusión se decapita
y dispersa cual gotas de rocío.

La cruda realidad lo desconsuela
y se siente morir de pesadumbre
ahogado en total incertidumbre;
destruirse es todo lo que anhela.

Mas su pena no puede ser eterna;
viejos triunfos vendrán a su memoria
reviviendo deseos de victoria,
templando su valor en forja interna.

Un día encontrará un cauce distinto,
bordeado de frutas y de flores,
o quizá con espinas y dolores,
pero firme y sin tanto laberinto.

Mi osadía

Ingenuo fui y torpe cual chiquillo
que contempla una luz en las alturas
y levanta sus brazos hacia el brillo
cayendo en la peor de las locuras:

en vez de acariciarla entre sus manos,
la oculta, desdichado, de sus ojos;
verá que sus esfuerzos fueron vanos
y solo verla debe, desde lejos.

A mi vida llegaste cual estrella
que avivó sin querer mi fantasía,
en verdad imposible, pero bella.

Solo quise gozar tu compañía
y de mi vista saliste cual centella.
Perdona, luz preciosa, mi osadía.

¿Solamente un sueño?

Tranquilo recorría mi sendero,
sin prisa ni emociones turbulentas,
sin las nubes presagio de tormentas
ni el sol con su brillo placentero.

Amplio y sin abrojos el camino,
lejano y brumoso el horizonte,
sombrío el paisaje; indiferente
pasaba, como simple peregrino.

De pronto un aire fresco me despierta
con murmullos de coros armoniosos;
era tu voz con acentos melodiosos,
tan dulce que mi alma desconcierta.

En el cielo aparece un sol radiante
que todo lo renueva con su lumbre
y me alivia de toda pesadumbre:
la luz de tu belleza deslumbrante.

Moisés delante de la zarza ardiente,
sin pensarlo me acerco presuroso
presintiendo un encuentro venturoso:
tu mirada y sonrisa complaciente.

Alegres se fundieron nuestras almas,
luchando por los mismos ideales,
ser dueños de los más nobles caudales:
felicidad y amor, del triunfo palmas.

Por eso nos amamos sin medida,
por encima de viles intereses,
seguros, sin temor a los reveses,
dispuestos a ofrendar la misma vida.

Me sentí el más feliz de los mortales,
con tus besos, caricias y sonrisas.
De repente, soplaron nuevas brisas,
y te fuiste tras nuevos manantiales.

¿Acaso solamente fue un sueño?
¿O engaño fatal de los sentidos?
O no fueron tus besos comprendidos
y sin razón, ¿creía ser tu dueño?

Fuiste luz que variaste mi rutina,
fuente de tristeza y de alegría,
inspiración de canto y poesía,
ilusión que perdura en mi retina.

Que los sueños son pura fantasía
a tu lado aprendí con amargura;
ingenuo fui y falto de cordura
al creer lo que un sueño me ofrecía.

¿Me quieres?

Un día me dijiste "yo te adoro",
y mi pecho llenaste de emoción,
desde entonces te amo con pasión
y conservo tu amor como tesoro.

¿De verdad lo sentías en tu pecho?
¿Lo dijiste movida por amor?
Ya sabes que deseo tu calor
rendido en tu regazo o en mi lecho.

Quiero saber si de verdad me quieres
y como soy me aceptas en tu vida,
no solo un amigo al que prefieres

sino el dueño absoluto de tu vida,
el ser a quien prodigues tus quereres;
respóndeme, paloma consentida.

Jamás te olvidaré

El sabor de tus labios, delicioso,
en los míos perdura siempre fresco,
y el calor de tu cuerpo tembloroso
reposa en los brazos que te ofrezco.

Imposible olvidar esos momentos
de pasión y de amor sobre mi lecho,
acallaba gemidos y lamentos
de ternura, que explotan en el pecho;

o la luz de tus ojos soñadores,
temerosos y a veces suplicantes,
con la magia que alivia mis dolores;

ni tu piel de tersura inmaculada,
do navegan mis manos anhelantes;
jamás te olvidaré, mi dulce amada.

Despedida

Te vas sin que sepa yo hasta cuándo;
te vas como el perfume de las flores
que flotando en el aire va pasando
sin volver al vergel de sus amores;

como el eco del arpa melodiosa
que se pierde a lo lejos lentamente,
dejando en el alma la tristeza
y un gesto melancólico en la frente;

como el canto del ave mañanera,
que se aleja, en busca de sustento,
del árbol que le sirvió de abrigo;

como el sol que se oculta tras la nube
dejando sensación de intenso frío
y de sombras que invaden el vacío.

Me faltan tus besos

A veces siento que mi pecho gime
ansiando una dicha incomparable:
gozar de tu belleza inestimable;
pero entonces la soledad me oprime.

En vano palpan mis manos vacías,
sin consuelo se crispan con violencia
por si así recobraran tu presencia,
y con ella, mil perdidas alegrías.

En cuán pocos y rápidos momentos
tus manos que acarician cual la brisa
y tus labios alivian mis tormentos.

Por eso una vez más hoy te confieso:
preciso de tu cálida sonrisa,
me faltan tus caricias y tus besos.

Quiero saber de ti

A veces pienso en ti y me pregunto
por qué tu imagen veo tan oscura
tras velo que diluye tu figura
aunque ocupas el centro de mi mundo.

Quisiera conocerte como eres,
saber los pensamientos de tu mente,
navegar sin cesar en el torrente
de pasiones que bullen cuando quieres.

Si fueras para mí un libro abierto,
do pudicra leer tus emociones,
tus dudas, alegrías y aflicciones,
serían nuestras vidas un concierto.

Pero existe tal vez la desconfianza
y un "mañana sabrás lo que yo siento"
que me alejan de ti, y no te miento,
porque nublan la luz de la esperanza.

Comprende, un amor cuando es sincero
coloca la verdad como cimiento;
un profundo y real conocimiento,
fiel prenda del afecto verdadero.

No pretendo forzar tus sentimientos,
solo anhelo que reine la confianza
y aceptes mi reclamo sin tardanza,
si tu amor ya no tiene impedimentos;

pues no quiero vivir la incertidumbre
de un amor que no sé si es aparente,
o real, decidido y transparente,
cual la fuente que baja de la cumbre.

Porque ignoro si duermo, o si despierto
estoy en posesión de mis sentidos;
por eso haz llegar a mis oídos
tu palabra cual mágico concierto.

Qué importa que despierte de mi sueño,
de tu voz al sonido melodioso,
si puedo escuchar algo grandioso:
"ya de mi corazón eres el dueño".

No dejes que a mi pecho el desconcierto,
la duda, el hastío y el cansancio
penetren si perdura tu silencio.
Ya sabes, sin tu amor soy un desierto.

Tus dieciocho primaveras

Solo soy una pluma desgarbada
que sin tinta ni musa languidece;
mas al ver una luz que resplandece,
hoy siente su energía renovada.

Solo soy una voz desafinada
que pasa inadvertida en el bullicio
apagada, callando su suplicio;
pero saca sonido de la nada

para dar testimonio del cariño
que nació sin querer en tus riberas
y sigue todavía siendo niño.

Eres tú esa luz que resplandece
desde hace dieciocho primaveras
y muchas más de dicha se merece.

Buen viaje, mercedarios

Con la luz de la ciencia adelante,
a vencer la ignorancia atrevida,
que al desdén y al fracaso convida,
si se deja que crezca rampante.

La virtud es un faro brillante
que sus pasos guiará por el mundo,
con arraigo y criterio profundo,
aprendido en la lucha constante.

Dejarán este claustro sagrado,
sus salones y duros mesones,
los trabajos y horarios cansones,
pero no sus valores forjados.

Hallarán nuevos sueños y retos,
amistades, apoyos y luchas,
pero en horas de amargas desdichas,
volverán estos gratos recuerdos.

Llevarán con orgullo en su frente,
mercedarios, un rancio linaje;
de principios un amplio bagaje
y el cariño de cada docente.

Oda a la vida

Una vida es alegría
a la hora de nacer,
una bella sinfonía
el proceso de crecer.

Cuántos besos y caricias
se prodigan por doquier,
pues del alma son delicias
los gracejos del bebé.

La vida es bella, muy bella,
con sus espinas y sus flores,
que danzan juntas en ella
en espiral.

Luego vienen los estudios
y las ganas de aprender,
los amigos son refugios
que guardamos del ayer.

Cuántos sueños hoy cumplidos
nos dejó la juventud,
cuántos logros compartidos
con afanes e inquietud.

Los cien años de una maestra

Hoy cien años celebramos
de Ana Tulia y con placer,
entre todos recordamos
las historias del ayer;

sus desvelos de maestra
en el campo y la ciudad,
firme siempre en la palestra
con coraje y voluntad.

Como esposa y como madre,
de la vida disfrutó
a pesar de los dolores
que el destino deparó,

y luchando por sus hijos,
con valor los superó,
pues su espíritu prolijo
recio temple le forjó.

Muy felices nos sentimos
de poderla agasajar;
es reliquia, lo decimos
sin temor a equivocar.

Que con toda la familia
nos unamos al festín
en honor de Ana Tulia
y su siglo de postín.

De pasiones y de desvelos

Una tarde.

Una tarde
toda llena de colores y destellos
aleatorios, juguetones y traviesos,
arco iris a través de los cristales.

Una tarde de pasiones subrepticias,
de deseos instintivos, imprevistos o soñados,
de caricias delicadas o arrebatos agresivos,
embestidas deliciosas emanadas del amor,
expresión de los temores, los deseos reprimidos
y enfermizas dependencias posesivas.

Una tarde de susurros y gemidos,
de silencios prolongados, necesarios y sentidos
por el auge de los roces,
elocuencia de los cuerpos en contacto,
y la gran explosión que trasciende los sentidos.

¡Oh, soledad!

El alma languidece en las noches solitarias
rumiando los recuerdos de tardes pasionales
que alivian y torturan en ciclos alternantes;
imágenes borrosas, volubles, fantasiosas,
aleteos incesantes, tominejo
en búsqueda insaciable del néctar de la vida,
apenas perceptible cual reflejo de la luna.

El frío de la ausencia congela las entrañas,
embota los sentidos, encoge el corazón;
a lo lejos, las sirenas anuncian más dolores,
claman con su llanto
de sus penas pronto alivio;
indiferentes, los grillos y las ranas
en disímil concierto le cantan a la noche,
su reino, sin dominio ni corona.

¡OH, SOMBRAS!

Oh, sombras que eluden tu presencia,
avivan los fantasmas y los miedos,
miedos de perderte para siempre,
por un mejor amor
o la ineludible tumba helada.

Viejo el mar y todavía se mueve

La vejez, como el mar, todo lo abona,
el agua dulce de logros y de alegrías,
feraces principios, épicos valores,
amargos fracasos, tóxicos errores.

Del mar tiene, amplitud del horizonte,
con suaves playas difusas en el tiempo;
tan lejos del inicio y del remate,
tan cerca del ayer como del mañana.

También su profundidad en sentimientos;
algunos danzan al ritmo de las olas,
retozan sin pretensión entre corales,
ajenos al veredicto de conciencia.

Profundos otros, quizás inadvertidos,
incólumes a tormentas exteriores,
al frío de las carencias lamentables,
presiones y oscuridades del entorno.

Encierra en su vastedad grandes tesoros,
sapiencia construida en la experiencia,
saberes amplios logrados en las aulas,
amigos leales, sostén y compañía.

Vejez y mar, similares sus efectos,
preservan grandes verdades, ilusiones,
corroen banalidades, ambiciones;
enferman, curan, alegran, entristecen.

Depende todo del uso, del abuso,
visión certera de hechos y experiencias,
conciencia fiel del ahora y del pasado,
simiente fértil, cizaña ponzoñosa.

Gracias

Cercano de la meta, contemplo complacido
los dones recibidos sin gran merecimiento:
ternura de una madre virtuosa, luchadora;
papá, su dura brega en busca del sustento.

Esposa combativa, hermosa, elegante,
de gustos refinados, sencilla en el arado,
memoria prodigiosa y gran inteligencia,
granítica columna de todo lo alcanzado.

El sueño de los hijos, dormidos en mis brazos,
o guiando de la mano sus pasos vacilantes,
paseos en la bici sin ruta definida,
festejos en familia en cada aniversario.

Testigo de sus triunfos, logrados con constancia,
también de los tropiezos, angustias y desvelos,
las luchas denodadas en pos de la ventura,
mas siempre con principios, forjados en la infancia.

Porque tengo su respeto, apoyo, sugerencias,
palabras amorosas escucha complaciente,
perdón de los errores, paciencia con defectos,
proclamo agradecido: "Señor, bendito seas".

Algunas realidades de

nuestra querida Colombia

y posiblemente de patrias similares.

SASAIMA, MI TERRUÑO

Paisajes y riquezas

En medio del camino al Magdalena,
antiguo corredor de los Virreyes,
anclado a la montaña, sin cadena,
Sasaima los espera como a reyes.

Destino veraniego por su clima,
oxígeno abundante en el ambiente,
natura que relaja y reanima,
más trato obsequioso de su gente.

Regados por quebradas cristalinas,
los campos siempre verdes y floridos
en fértiles vaguadas y colinas
producen de cosechas gran surtido.

Diversas y abundantes son sus frutas:
naranjas en sus muchas variedades,
comunes y ombligonas impolutas,
toronjas de magníficas bondades;

tangelo, mandarinas arrayanas,
valencias, siempre dulces y jugosas,
limones con el ácido que sana
previenen infecciones perniciosas.

Guayabas, pomarrosas, pitahayas,
zapote, anón, mora de castilla,

guanábanas, gulupas y papayas,
canela, caña dulce, higuerilla.

Banano, bocadillo, colisero,
granadas, ahuyama, aguacate,
madroño cultivado con esmero,
cacao, macadamias y tomate.

Guatila y balú, gran alimento
de pobres, por nutrientes y por precio,
achote y color, buen condimento,
usado en culinaria con aprecio.

Sus bosques naturales, cual despensa,
prodigan sin distingo su riqueza,
producen, sin jornal ni recompensa;
qué bueno defenderlos con firmeza.

Maderas para muebles, construcciones,
cercados, artesanos y la hornilla;
bambú, guadua de múltiples funciones,
totumo, ceiba, cedro y vainilla.

Adornan el paisaje, bellelenas,
orquídeas, anturios, heliconias,
cartuchos, buganvilias, azucenas,
claveles, sietecueros y begonias.

Senderos ecológicos, cavernas;
históricos mensajes de nativos,
alumbran en el tiempo cual linternas,
con signos de lenguajes primitivos.

Bendita son sus tierras y su gente,
semilla que se siembra, bien germina,
aún siendo de clima diferente;
con sólo conocerlo, te fascina.

Costumbres de otros tiempos

Sasaima, mi terruño del ensueño,
de plácidos recuerdos de la infancia
mezclados de ilusiones hoy sin dueño,
con traje de humildad y de constancia.

Tranquilo despertar con bellos trinos
de toches, cardenales y azulejos,
que burlan los halcones peregrinos
que acechan a su presa desde lejos.

Sabroso desayuno matutino
con jugo o casquitos de ombligona,
tajadas, huevo frito o porcino,
café recién molido que aprisiona;

quizá caldo de papa con costilla,
arepas y tamal con chocolate,
hartón verde asado a la parrilla,
quesillo hecho en casa, de remate.

Sencillos, motivantes, creativos,
los juegos propendían vida sana,
sin vicios lacerantes, adictivos,
que frustran la existencia, la profanan.

Carreras tras los aros y bandera,
rayuela, cincohuecos y veintiuna,
piruetas con los trompos de madera,
tallados por placer y sin fortuna.

Escuela de primaria, sin alardes
enseña aritmética, sociales,
lenguaje con poemas en las tardes,
modales de Carreño y naturales.

Las prácticas de injertos y cultivos,
apoyo necesario del labriego,
volvieron los sembrados lucrativos
con técnicas de abonos y de riego.

¡Hermanos de la Salle, qué maestros!
Sembraron la semilla del progreso,
aprecio por los campos en los nuestros
y bases que a la ciencia dan acceso.

Docentes, ingenieros, arquitectos,
políticos, doctores en derecho,
artistas y poetas circunspectos,
demuestran de sus basas el provecho.

Domingos y festivos bien temprano,
acude a la iglesia el campesino,
cumpliendo su deber de buen cristiano:
dar gracias al Señor por su destino.

El maestro

Cual péndulo en el tiempo, mirada en lontananza,
docente o maestro, surcando el infinito,
inspira fantasías, renueva la esperanza,
sembrando mil valores, aún siendo proscrito.

Promueve la justicia, cultiva el intelecto,
escucha confesiones, comparte sentimientos;
descubre cualidades, remueve los defectos,
remienda corazones, despierta pensamientos.

Sus múltiples funciones absorben su energía,
aguzan su memoria, renuevan su talento,
inducen nuevos retos, requieren valentía,
relegan por completo su magro emolumento.

Despierta simpatías, también contradicciones,
los padres lo veneran o tildan de tirano,
recibe exaltaciones, también acusaciones;
mas nunca desespera, ni cae en el desgano.

Sus canas lo enaltecen, son fruto de la entrega
por muchas primaveras, inviernos y veranos,
al frente de sus niños igual que un estratega,
ara los terrenos, igual que un hortelano.

Cuán bello es ser maestro, con triunfos y aflicciones,
con llantos de alegría o lágrimas de penas;
sus logros verdaderos, la flor de sus lecciones,
germinan con el tiempo, en vidas muy ajenas.

Las risas de los niños son hoy su recompensa,
el "gracias" de una madre, su pago más precioso,
pues lucha codo a codo en esta lid intensa,
forjar un buen futuro, un mundo decoroso.

Al borde del otoño, plagado de nostalgias,
de nuevas sensaciones, algunas muy extrañas,
por tanto bien logrado, al cielo da las gracias,
olvida las afrentas, bendice sus hazañas.

Alumno o discípulo o estudiante

El alumno se ilumina con la ciencia,
y saberes que le enseñan en la escuela;
esencial la formación de su conciencia,
con principios que acrisolan, aunque duela.

El discípulo aprovecha con afecto
la experiencia acumulada del maestro,
quien comparte con amor el intelecto
y los dones del Creador y sus ancestros.

Estudiante habituado a la consulta,
desarrolla los procesos de la mente,
"aprender a aprender" lo catapulta,
a niveles superiores del consciente.

El silencio reflexivo, convergente,
facilita comprender lo más complejo;
la pregunta acuciosa, consistente,
de interés por aprender es buen reflejo.

Evitar los distractores, lo más sabio,
pues permite percibir todo el mensaje;
el repaso cotidiano no es resabio,
coadyuva al mejor aprendizaje.

Sus esfuerzos los harán merecedores
de perennes agasajos y corona,
por su prístina labor de constructores
de la fértil dignidad de su persona.

Desplazado en la ciudad

Qué bellos los luceros y la luna
colgados en la bóveda celeste,
luz única en aquel hogar agreste,
albergue de la gente sin fortuna.

El agua recogida en la quebrada,
tan fría y saludable en la mañana,
despierta los sentidos y la gana
de ir tras la moneda devaluada.

Las calles serpentean a lo lejos
surcando la ciudad y su contorno,
anuncio de caminos sin retorno,
confusos cual sus pálidos reflejos.

Después de descender dos mil peldaños
y tramos empinados, pedregosos,
la espera del transporte perezoso,
pues lleva en el servicio muchos años.

Angustias, trancones en la vía,
temor por las argucias de los cacos
que buscan el sustento en los atracos,
son fieles compañeros cada día.

Saludo bullicioso en la cuadrilla
con bromas que disfrazan los rencores,
producto de los chismes y rumores,
avivan o sofocan la rencilla.

Esfuerzos en acciones desgastantes,
fundiendo columnas, vigas y planchas,
con picas, carretillas y garlanchas,
urgidos con palabras insultantes.

Almuerzo presuroso al mediodía,
espera el picado en el potrero,
deporte favorito del obrero,
conjuro del estrés y la agonía.

Retorno a las labores rutinarias,
manejo de ladrillos y cemento,
pinturas, baldosines, pegamento,
tapetes, porcelanas sanitarias.

Camino de regreso, ya de noche,
admira la ciudad, sus construcciones,
las luces, las vitrinas, los balcones,
los grandes transmilenios y los coches.

Un día cesarán tan largos viajes,
al campo volverá con su familia,
sin miedo, a la violencia que lo exilia,
al ruido, al desprecio, los ultrajes.

De nuevo brotarán las azucenas,
los gallos cantarán sin amargura,
tubérculos y granos con verduras,
por turno llenarán las alacenas.

Nuestras cadenas

De duro metal son las cadenas
atadas por culpa del secuestro;
un crimen terrorífico, siniestro,
que causa en el pueblo mil condenas.

Cadenas pesadas y herrumbrosas,
que sufren los niños en las minas,
en plazas, chircales o en esquinas
cumpliendo labores peligrosas.

Cadenas punzantes, ulcerosas,
por hambre que roe la conciencia,
trabajos con sueldos de apariencia,
motivan misiones vergonzosas.

Cadenas oscuras y sombrías,
que ciegan las mentes sin cultura,
por falta de ciencia y de lectura,
quedando a merced de la jauría.

Cadenas pulidas y brillantes,
impuestas por modas caprichosas,
superfluas, incómodas, costosas,
que posan de finas y elegantes.

Regresen: los niños a la infancia,
derechos al pobre y al cautivo,
sapiencia al necio e impulsivo,
y al traje sencillo la elegancia.

ÍNDICE

Notas preliminares	5
Prefacio	7
Los versos	9
Por ti, mujer	11
Eres… mujer	13
Tu sonrisa	15
Mujer, mereces todo	17
Tus ojos	19
Así son las mujeres	21
Mujeres, florecitas divinas	23
Mujer y belleza	25
Tu cuerpo	27
Mujer	29

Amiga	31
Escucha mis sentimientos	33
Eres torrente	35
Gracias, mujer	37
Ofrenda a la Virgen	41
Madre, cuánto te amamos	43
Primogénito	45
Hija	47
Feliz cumpleaños, mi niña	49
Siempre serás mi pequeña	51
Los hijos	53
Declaración de amor	55
Como una flor	57
Vino añejo	59
Mi amor cual diamante	61
Te amo como antes	63
Para ser feliz	65

Me hiciste feliz	67
Mi amor por ti	69
Tu cumpleaños, un motivo	71
Eres tú	73
El amor	75
Un amigo	79
El arroyo	81
Mi osadía	83
¿Solamente un sueño?	85
¿Me quieres?	87
Jamás te olvidaré	89
Despedida	91
Me faltan tus besos	93
Quiero saber de ti	95
Tus dieciocho primaveras	97
Buen viaje, mercedarios	99
Oda a la vida	101

Los cien años de una maestra	103
De pasiones y de desvelos	105
Una tarde.	105
¡Oh, soledad!	107
¡Oh, sombras!	109
Viejo el mar y todavía se mueve	111
Gracias	113
Paisajes y riquezas	119
Costumbres de otros tiempos	121
El maestro	123
Alumno o discípulo o estudiante	125
Desplazado en la ciudad	127
Nuestras cadenas	129

Editorial LibrosEnRed

LibrosEnRed es la Editorial Digital más completa en idioma español. Desde junio de 2000 trabajamos en la edición y venta de libros digitales e impresos bajo demanda.

Nuestra misión es facilitar a todos los autores la edición de sus obras y ofrecer a los lectores acceso rápido y económico a libros de todo tipo.

Editamos novelas, cuentos, poesías, tesis, investigaciones, manuales, monografías y toda variedad de contenidos. Brindamos la posibilidad de comercializar las obras desde Internet para millones de potenciales lectores. De este modo, intentamos fortalecer la difusión de los autores que escriben en español.

Ingrese a www.librosenred.com y conozca nuestro catálogo, compuesto por cientos de títulos clásicos y de autores contemporáneos.

www.ingramcontent.com/pod-product-compliance
Lightning Source LLC
Chambersburg PA
CBHW020949230426
43666CB00005B/249